我在紫禁城

我在紫禁城

图/文 吴洋

五洲传播出版社

我心中的紫禁城

中国古代天文学将北极星附近的区域分为三垣二十八宿，三垣为紫微垣、太微垣、天市垣，其中紫微垣就是现代天文学中的北极星。古人认为紫微垣是不动的，而所有的群星都在环绕它旋转，所以称之为帝星。紫微星垣，传说就是天帝居住的地方。

人间的帝王是上天的儿子，于是把天子居住的地方叫做紫禁城。

虽说紫禁城坐落在人间，不像天庭那样遥远，但是只因中间的这个“禁”字，也便阻断了一切平民百姓们的遐想。

远远的能望见那红墙，那黄瓦，然而却只能是远远的。甚至不及一只小鸟，一条小虫，可以那般自在无碍地出入。10 米高的宫墙，52 米宽的筒子河将紫禁城圈在当中，这深深的沟壑与高高的屏障挡住了人们好奇的视线，也围起了一片神秘的禁地。

人们在河边遥望着，在墙外谈论着，在心中猜测着，在梦中幻想着，然而小鸟、小虫们却在里面亲见着、亲历着。

真想亲口问问那些小鸟、小虫，它们到底看见了些什么？

皇上凶不凶？

宫女苦不苦？

太监坏不坏？

明嘉靖年间（1522—1566），皇帝迷信道教，为求长生不老饮露炼丹，宫婢们不堪驱使摧残，在嘉靖二十一年（1542）十月二十一日深夜，十数名宫女想勒死皇帝，却在慌乱中将绳子打错了结，结果功亏一篑。十数名宫婢与受牵连的两名妃嫔一同被凌迟。皇帝受惊过度，再也不敢在紫禁城居住，因为他觉得“内有枉者为厉”。直到 20 多年后，他病已垂危时才回到紫禁城，却在当晚就“驾崩”了。你们可曾看见是谁杀死了他吗？是那些女孩儿的冤魂吗？

1644 年，李自成打进北京，绝望的崇祯皇帝（1628—1644 在位）挥剑将自己的妻女杀死“殉国”，在一片尖叫声中残肢断臂横飞，大殿上顿时尸横遍地，血流成河，那是怎样的一幅惨景啊！走投无路的皇帝，无颜见地下的列祖列宗，脱下龙袍，披头散发地吊死在景山的歪脖树上。从此以后，听说那山上往往“鬼哭，天阴则闻”，总有人喊着：“群臣误国！”据说就是死去的崇祯。你们可曾见到过他的鬼魂？

传说清初的摄政王多尔衮与顺治皇帝（1638—1661 在位）的母亲孝庄皇太后是情人，在宫里如同一家人一样居住，你们见过他们幽会吗？

还有，顺治所深爱着的董鄂妃娘娘她好看吗？她是江南的名妓董小宛吗？她和皇上花前月下的私语你们可曾听见些？

有人研究说，康熙皇帝（1662—1722 在位）的太子极像《红楼梦》里的贾宝玉，你们见过他吗？那也是一副痴痴的相儿？

雍正皇帝（1723—1735 在位）死的时候，真有刺客吗？据说还是个女子，叫做吕四娘。

光绪皇帝（1875-1908 在位）到底是不是慈禧害死的？他的珍妃是如何被扔到井里的？那一刻她说了些什么？可曾呼喊过她爱人的名字？

还有，还有好多好多问题……

这样一座已经存在了近六百年的庞大宫殿里，到底发生过多少故事？到底藏着多少秘密？

我们都不知道。

也许曾经飞过这里的小鸟知道；也许曾经爬过这里的小虫知道；也许世代生活在这里的鸦雀们知道；也许出没在荒弃的殿宇间的狐仙知道；也许飘浮在阴暗中的冤魂们知道；也许紫微星垣中的天帝知道。

然而，我们还不知道。

那么，抛开混乱的记载，冲破典籍的迷雾，让紫禁城幻化作斑斓的光影，琢刻成唯美的造型，在我们心中这拳头大小的地方就能留下这样美好的记忆：你可以自由搭建、随意着色，可以用梦幻的色彩讲述一段历史，也可以用经典的图案诠释一种印象，更可以用柔软的心灵来构建一座属于我们自己的紫禁城。

于是，一切不再遥远，当自己也幻化成这巍峨中的一个小小元素的时候，这些故事中也就有了我们自己的影子。

也能够亲见着，亲历着……

皇帝的家太大了，而我自己是一只小蚂蚁。这里是紫禁城，如今称为北京故宫博物院。在这里先后住过明清24位皇帝，还有数都数不清的嫔妃佳丽。

◁在故宫里各种鸟飞来飞去，它们虽不被人驯养，却是这偌大皇宫中最有生命力、最自由的生灵。它们很容易筑就温暖的小巢，因为这里几乎全是木质结构的建筑。

何谓正大？何谓光明？正大，而天地之情可见矣；光明，天道下济而光明。“正大光明”正是天帝的德性也。那么天帝的儿孙们能否秉承“正大光明”呢？不一定哦。

安放在乾清宫台基两侧的镏金铜殿，称社稷江山金殿。“社稷”与“江山”都是国家代称。放置它们在此的意思无非是提醒人们“普天之下莫非王土，率土之滨莫非王臣”。

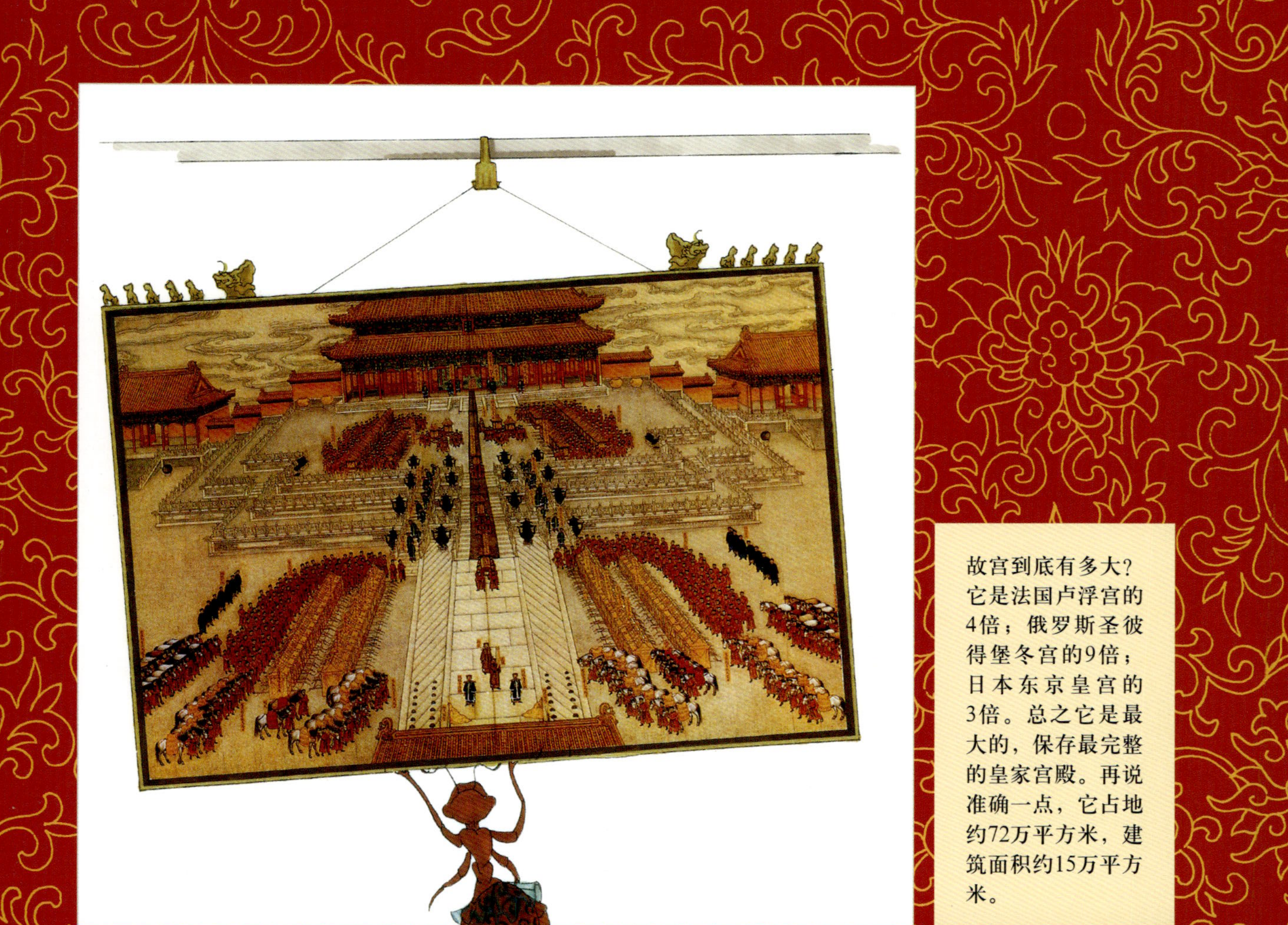

故宫到底有多大？它是法国卢浮宫的4倍；俄罗斯圣彼得堡冬宫的9倍；日本东京皇宫的3倍。总之它是最大的，保存最完整的皇家宫殿。再说准确一点，它占地约72万平方米，建筑面积约15万平方米。

谁见过1142个螭首同时吐出如柱的雨水，壮观景象是名副其实的千龙吐水啊！皇宫里的设计样样讲究，其实它的功能只是排水。

由屋檐到横梁之间那些结构复杂的拼木构成的斜面，叫斗拱。据说是运用杠杆与天平原理设计而成的，让人看得眼花缭乱。

支撑着殿顶的红漆大柱，其▷实并非根根都是如此粗实的圆木，不少是拼出来的，它们的周长是3.15米。故宫最大的宫殿是太和殿，有72根柱子。

我一直想看清楚那大殿顶端的“吻兽”到底是什么样子，这次看清楚了，一个兽头、一个想象出来的“神兽”。我要把气球放上去。

门，使我们与另外一个时空产生了障碍，而故宫的门便是天堂与人间的界碑。故宫设有八门：天安门、端门、午门、左掖门、右掖门、东华门、西华门、神武门，每扇门上有横9排、竖9排，共81个门钉。因为在中国民间数字“9”代表至尊、最大。

你为什么轰我们，这难道不是我们的家吗？看看墙上的图案分明是我们的专利。小乌龟不会选时，嫔妃、宫女正在议论密事呢。▷

◁想从这里爬上天，谈何容易。太和殿前的石雕云龙御道是皇帝出入大殿时专用的。

故宫，原名紫禁城，它的由来要到天上找说法了。依照中国古代星象学，紫微垣位于中天，乃天帝所居。那么天之子皇帝居住的宫殿，自然就叫紫禁城了。

日晷（guǐ）玉盘上均匀地刻出24条时刻线，晷针则随着太阳的移动而移动，是机械钟发明之前的计时方法。我们的先人真是太聪明了！

不知此为何物的大有人在，你知道吗？这是明清时期宫内插灯杆用的灯杆座。旧时每逢上灯时还要举行仪式。▷

传说中故宫有9999.5间房子，因为上天玉帝的天宫是10000间，皇帝虽贵为天子，但不能超越天制，只好少建半间。实际上故宫共有房间数是8707间。

◁我喜欢故宫里的每个角落，因为每个角落都是一幅画，墙上的装饰，房檐上的瓦当，路面上砖石拼嵌的图案……用心啊！这些装饰图案大都描绘的是花草、鱼禽、走兽等。

这是太和殿里的藻井。太和殿藻井在故宫堪称最大、最豪华，图案是一条倒卧盘龙口衔轩辕镜，位置在皇帝宝座正上方，以示在位者为轩辕氏黄帝的正统继承者。传说如果宝座上的皇帝不是正统继承者，轩辕镜就会掉下来。

“我欲乘风归去”，是它们的愿望吗？一对铜鹤在丹陛上站立了许久、许久……还有一对铜龟陪着它们呢。摆放在此是象征皇帝吉祥长寿。

这九龙壁可不只是前后壁各有九条龙，仔细寻找会有惊人的发现：上面大大小小有635条龙。

故宫的建筑是以三大殿为中轴左右对称。你看到这条西长街了吧，南北走向的长街，两边排列着储秀官、翊坤宫、永寿宫等六组院落。跟我再去看看东长街，这里也对应排列着钟粹宫、承乾宫、景仁宫等六组院落。

紫禁城犹如天宫仙阙，看看它你就大概知道天宫是什么样了。

◁ 故宫是个神秘的地方，当你跨进故宫的大门，需要像历史学家那样思考，像美学家那样凝望……故宫像是无数本厚厚的教科书，里面有历史学、天文学、人文学、美学、建筑学、民俗学……

你听见狮子在发出阵阵低沉的怒吼吗？故宫里有很多不同材质，不同形态的狮子，关于狮子的故事也不少。太和门前的铜质狮子为什么耳朵是立着的？乾清门前的铜质狮子为什么耳朵是耷拉着的？

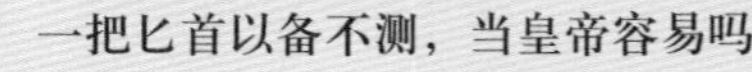

真正的武林高手就站在皇帝的身后，他们▷的兵器就藏在羽扇之中。皇帝宝座下也有一把匕首以备不测，当皇帝容易吗？

故宫著名的三大殿：太和殿最雄伟，盛大典礼都是在此举行；中和殿最郁闷，官员朝拜的地方；保和殿最亲和，册立皇后在此、太子受贺在此、清代时皇帝宴请外藩也在此。三大殿四周没有一棵树，据说是怕有人藏于树丛中对皇帝构成威胁。

午门是紫禁城的正门。午门前曾是举行“献俘”仪式的场所。明代还在午门前举行一种特殊的刑罚——廷杖。同时它还是一个兵械陈列库，类似今天的博物馆，记录着开国先帝的丰功伟绩。▷

骄阳似火的正午，想在故宫里找一片荫凉可真不容易，单纯是因为空旷显威严吗？不，原因有三：一是怕树招火；二是为了防刺客；三是因为风水，故宫形如汉字的“口”字，如果里面种上树木就变成了“困”字，皇帝是在位之龙，怎么能被困呢？

◁这座宫殿始建于15世纪初期，那时正是明朝永乐皇帝时代，是公元1406年下诏筹建的，用了十余年的时间，到公元1420年主要建筑才完工。

尽管我看不到天的全部，头顶这片蓝色却给了我足够的放飞想象的空间。原来天上有时会下雨，有时会下雪，有时还会下树叶。

每次闻到御香炉中袅袅升起的香气，▷
我都不知身在何处了。

凭我的想象力，加上这对漂亮的翅膀，我会比宇航员更先见到天上的宫殿，在那儿，我已经看到了。

◁在故宫里“龙”是主宰，这是个不可思议的符号。它让每个黄皮肤的中国人，无论走到天涯海角都心甘情愿被它“缠绕”，臣服于它的力量，直到今天。

皇帝议政时坐的龙椅叫金銮宝座，是天下至高无上的皇权象征。靠背圆柱上盘着四条龙，椅子是金黄色的，是不是黄金做的我不知道。

◁故宫的门有多种多样的形式，有屋宇门、牌坊门、垂花门……这门叫毗卢帽垂花门，是皇帝专用的门式。

皇帝住在一间没有电器设备的房间里。如果有电视机或电子游戏机的话，他也不用备三宫六院七十二嫔妃了。

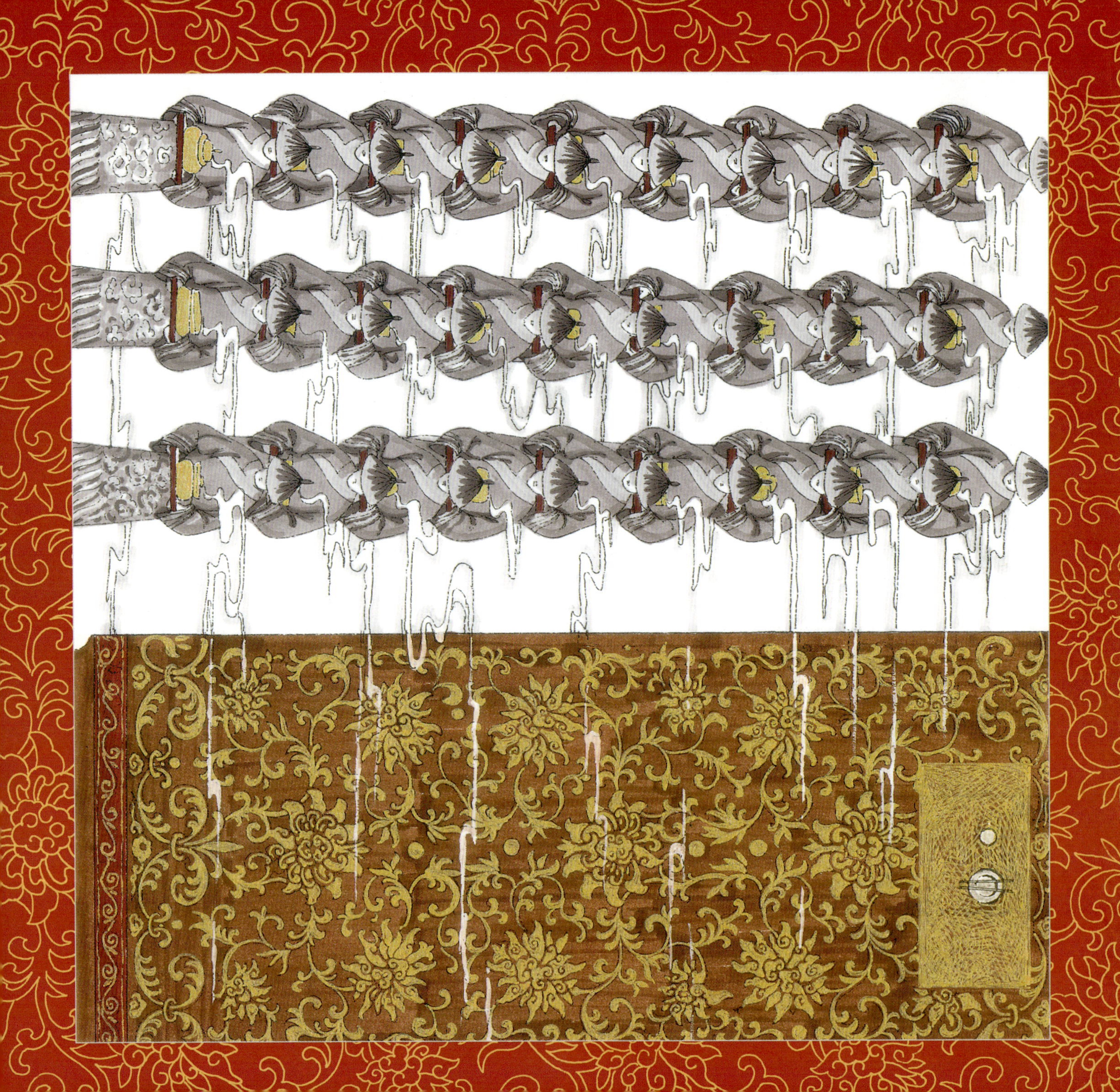

◁ “膳齐”开始奏乐，皇帝在太监们簇拥下走向膳桌用膳。实际上皇帝吃不了几品菜，剩下的大部分赏赐嫔妃和大臣了。

“嘘，小点声儿，皇帝睡觉啦！”

你知道为什么故宫许多大门没有门槛吗？是因为末代 ▷ 小皇帝为自己骑自行车方便，命人把它们都拆掉了。

关注皇帝的健康，不只是太医院的事，而是每个臣子的事，这可是关系着江山社稷的头等大事。皇宫里有专门人研究皇帝的饮食、起居。

这些稀罕玩意儿，是“行贿”皇帝的礼物吧。

皇子、皇孙上学的地方叫“上书院”，就设在乾清宫内。离皇帝住处近，也便于皇帝随时督查。他们四五岁便进了上书院，直到封爵、另立王府或别有任命才离开。上书院的房顶铺的是绿色的琉璃瓦。 ▷

◁ 我确信皇宫中孩童的生活绝对没有我们过得开心。这儿的一切都太过神圣，还有点神秘，以致让人感到惶恐。

看，皇帝身边林立的仪仗，厉害吧！

◁ 故宫本身就像个大戏台，漂亮精美的布景、离奇荒诞的故事，以及神秘兮兮的人物……一代代君王更替、争权夺利，一场场后妃的宫斗，在这里上演。

其间还有那些巧弄是非的太监……

这里除了威严、还有阴谋，并在迅速地蔓▷
延……因为这巨大的宫殿阳光无法照进来。

明朝宫中供养太监约七八万，清代乾隆时期有太监2600名，八国联军攻打北京时宫内太监1900人。

乾隆皇帝的母亲在过60岁生日时，乾隆为之建万佛楼，有佛龛▷一万，并命京师王公大臣及外省大吏，各献金佛像一尊。

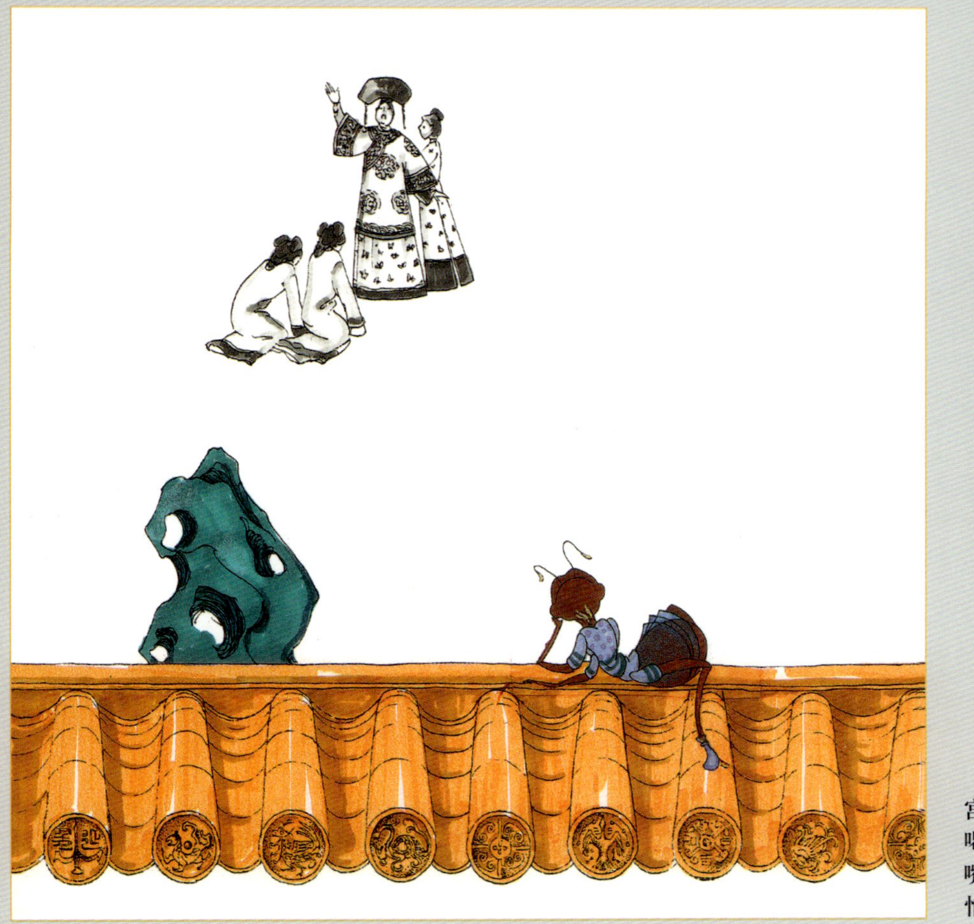

宫中有着各种各样的刑罚，那可不光是喝斥哦，仅后宫就有罚跪、禁足、掌嘴、杖刑、笞刑、贬入冷宫……很可怕！

◁ 宫中夏日消暑的方法是用从宫外拉回的冰放在房间里，或者就让宫女不停地扇扇子。今天北京还有一个冰窖胡同，旧时为宫廷藏冰的地方。

“你用奶瓶喝奶吗？” “不用，我有八个乳娘。”

"问天上宫阙今夕是何年？"我总觉得在另一个时空中，也有一座这样的宫殿存在。

传说这棵老树曾一度无疾而终，但乾隆南巡途中，每当烈日当空，便有一棵柏树像伞盖一样为他撒下清荫。当乾隆回宫后发现这枯死的古柏又复活时，皇帝确信它正是为他护驾的柏树，于是赐封它为"遮荫侯"。 ▷

◁“恭喜兰贵人！”后宫是这世界的另一半，要靠皇帝翻牌来决定这些女人的命运似乎也公平。只是其中还有种种“手段”，在她们中有明显的等级差别，皇妃、嫔妃、贵人……

我的记忆已经模糊不清了，是哪位贵人唱了哪个段子？但由此受宠的结果我却清楚地记得。

◁ 在这华美异常的门里、门外，都是一样被囚禁，或许在门里出头的机会还大一点。

偌大的宫殿，夜晚没有电灯、电话，没有电视，难以想象她们是如何度过这漫漫长夜的。

汉白玉雕栏环护的石阶重重叠叠。在中国传统文化中6与9是阳数，所有故宫内的石阶均为6与9相加、或反复相加的数，如15、21、39。太和殿的石阶下层21级，中、上层各9级，共39级。

黑夜巡游故宫常有奇遇：听说有人撞见过长着一尺多长白胡子的老人，偶尔还能听到打更的声音，隐隐约约见到宫女跳舞的影子……真的吗？

在后宫，我画了好几张皇妃的像，但总是让人失望。皇妃们的相貌实在叫人不敢恭维。

看，这是我收藏的古代缠足女子穿的绣花鞋。

天底下最漂亮的衣服，当然要给最美的女人穿。

他们是不忍心看？还是假装没看见？年仅24岁的珍妃被扔下井的一瞬间，还在想念她的光绪皇帝吗？这只守在珍妃井边的大猫两眼闪着哀怨的光。

“哎哟妈呀！我可不想当皇妃了！”

嘿，看见我了吗？我在这儿护城如此辛苦。落日失守，不是因为外部的强大，而是我们内部虚弱。

◁曾几何时，大清帝国的缔造者也是靠铁骑弯刀打天下的英雄民族。不料洋炮加烟枪却打软了自称龙的脊梁。

我在这里看尽新旧王朝的更替，四季的轮回。列祖列宗无论谁最强大，也终归于尘土，他们在天地间各领风骚几十年、十几年、几年。

牡丹之所以受皇家宠爱，因其花冠硕大，▷
且雍容华贵，富丽堂皇。

我曾梦见自己亲历了李自成的农民军打进故宫的情景，是这口大缸让我逃过一劫。

我不喜欢“沧桑”，但我无法摆脱这两个字的缠绕，而且每时每刻都深深地体验着它。

御花园在故宫中轴线靠北，明代称宫后苑、清代称御花园，占故宫面积的1.5%，也是故宫中面积最大的花园。园内遍布古柏老槐，罗列奇石异卉、镀金铜塑……我在这里一待就是几天，体验着食花饮露、乘鹤云游神仙般的感觉。

看我的这些作品，灵感全部来自故宫。

◁我把宫中那令人痴迷的色彩带出来，点染梦中的故事，撒给每一片灰暗。这座皇家宫殿在1925年10月10日正式命名为“故宫博物院”并对外开放，但不是全部。

历代珍品这里都有，你们日常看到的展品只是故宫藏品的零头。抗日战争时期故宫南迁，两万多箱文物分三路运出京城。1946年三处文物集中于重庆，1947年运到南京。1948年底其中的2972箱运往台湾保存于台北故宫博物院。1951年后留在南京的文物才回到北京故宫博物院。

琉璃的缤纷色彩与红墙平分秋色。我赞叹这对比所产生的和谐、美丽，如同无声的交响乐。

这坐落在御花园内的“千秋亭”，像是舞台剧中的场景，艳丽得有些不真实。

图书在版编目（CIP）数据

我在紫禁城 / 吴洋编绘.
-- 北京 : 五洲传播出版社，2019.1
ISBN 978-7-5085-4090-0
Ⅰ.①我… Ⅱ.①吴… Ⅲ.①故宫—介绍—北京
Ⅳ.①K928.74
中国版本图书馆CIP数据核字(2019)第003859号

“趣游京城”系列丛书

出 版 人：荆孝敏

我在紫禁城

编　　绘：吴　洋
特邀编辑：兰佩瑾
中文审定：廖　频
责任编辑：樊程旭
封面设计：庞卓娜
内文设计：元　青 段立军 杨　帆 马志朝
出版发行：五洲传播出版社
地　　址：北京市海淀区北三环中路31号生产力大楼B座6层
邮　　编：100088
发行电话：010-82005927，010-82007837
网　　址：http://www.cicc.org.cn，http://www.thatsbooks.com
印　　刷：恒美印务（广州）有限公司印刷
版　　次：2019年6月第1版第1次印刷
开　　本：20开
印　　张：4.4
书　　号：ISBN 978-7-5085-4090-0
定　　价：58.00元